Tereza Vostradovská

Komm mit raus, Entdeckermaus!

Ein Bilderbuch über die Wunder der Natur

cbj

In einem gemütlichen Nest unter der Erde lebte eine kleine Maus. Sie trank am liebsten Tee, knabberte Zitronenkekse und las dabei in ihren Büchern. Am spannendsten fand sie Sachbücher, zum Beispiel über Luftfahrt, die Tiefsee oder über den Radsport. Deshalb wusste sie sehr viel über Höhenmesser, Unterseeboote oder die Kettenschaltung. Eines Tages, als die kleine Maus gerade in ein Buch über magnetische Pole vertieft war, drang plötzlich eine Wurzel durch die Decke ihres Mäusebaus. Die kam ihr gerade recht – denn jetzt konnte sie eine Glühbirne aufhängen und die ganze Nacht lang lesen, das war prima. Doch plötzlich wuchsen immer mehr kleine Wurzeln in das Nest, bis für die kleine Maus selbst gar kein Platz mehr war.

„Ich bräuchte ein gutes Buch über die Natur", seufzte die kleine Maus. „Dann könnte ich darin nachlesen, wo all die kleinen Wurzeln herkommen. Und bald kommen meine Tanten aus der Stadt zu Besuch. Bestimmt interessieren sie sich auch dafür, was es hier alles zu entdecken gibt. Wie wäre es, wenn ich das Buch einfach selbst schreibe? Am besten fange ich gleich an, die Umgebung meiner Höhle zu erforschen. Das ist eine gute Idee", rief die kleine Maus und lief aus ihrem Bau hinaus.

Rund um den Mäusebau

Die Maus schlüpfte an die Sonne und schaute sich um. Unter der Erde sahen alle Wurzeln gleich aus, aber über der Erde wuchsen daraus viele verschiedene Blumen und Pflanzen: Sie hatten runde oder längliche Blätter, rosa, gelbe oder blaue Blüten.

Ganz in der Nähe ihres Nestes stieß die kleine Maus auf diese weißen Larven. Sie erinnerte sich, dass sie so ähnliche schon einmal in einer Mehlpackung in der Speisekammer bei ihren Tanten in der Stadt gesehen hatte. Diese Larven hier waren aber viel pummeliger. Wie heißen sie wohl? Und in welches Tier werden sie sich einmal verwandeln?

1 · Larve des Rosenkäfers   2 · Larve des Maikäfers   3 · Tausendfüßer   4 · Regenwurm   5 · Löwenzahn   6 · Taubnessel   7 · Gänseblümchen

WIE LEGT MAN EIN HERBARIUM AN?

Als die kleine Maus von ihrem Ausflug nach Hause zurückgekehrt war, trug sie alles, was sie entdeckt hatte, in ein Notizbuch ein. Einige Pflanzen hatte sie vorsichtig mitsamt der Wurzel aus der Erde gezogen und mitgenommen. Sie legte ein Herbarium an. Dazu säuberte sie die Pflanzen von der Erde, legte sie zwischen die Seiten einer alten Zeitung und beschwerte sie mit einem Stoß Bücher. Nach dem Pressen klebte die kleine Maus die getrockneten Pflanzen auf lose Papierblätter. Aber nicht mit Kleber! Sondern mit einem schmalen Streifen Tesa.

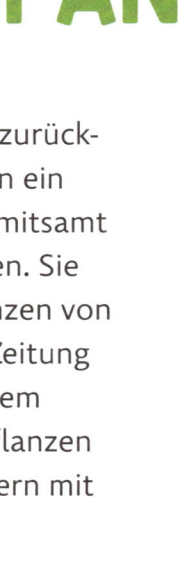

SAMMLE PFLANZEN IN DER MITTAGSSONNE.

KLEBE SIE VORSICHTIG MIT EINEM STÜCK TESA AUF PAPIER.

OBENDRAUF KOMMT NOCH EIN BLATT PAPIER...

LEGE SIE UNTER EINEN STAPEL BÜCHER.

SAMMLE:
DIE BLÜTEN
DEN STIEL
DAS BLATT
UND AUCH
DIE WURZEL

BESCHREIBE DIE PFLANZE:
NAME: DER SPITZWEGERICH
FUNDORT: DIE WIESE AN MEINEM NEST
LATEINISCHER NAME: PLANTAGO LANCEOLATA
GESAMMELT AM: 25. 7. 2018

UM KÄFER ZU FANGEN, BRAUCHST DU:

 EIN STÜCK FLEISCH

 ETWAS ESSIG ODER BIER

 EIN STÜCKCHEN APFEL

EINEN BECHER

„Und was mache ich, wenn ich Käfer und Larven erforschen will? Ich kann sie ja nicht einfach mit nach Hause nehmen wie die Pflanzen. Wenn ich sie fangen will, krabbeln sie schnell weg. Hmm – ich hab eine Idee! Ich locke sie mit einem Stückchen Fleisch in einen Becher, dann kann ich sie beobachten. Danach lasse ich die Tierchen wieder frei."

WENN ICH SIE LANGE GENUG BEOBACHTET HABE, LASSE ICH DIE TIERCHEN WIEDER LAUFEN.

„Diese Larven sehen sich alle so ähnlich, und doch wachsen sie zu ganz unterschiedlichen Arten von Insekten heran."

1 · Mückenlarven   2 · Larve des Schnellkäfers   3 · Puppe eines Nachtfalters
4 · Maulwurfsgrille   5 · Larven des Totengräbers   6 · Glockenblume   7 · Hahnenfuß   8 · Grashüpfer   9 · Margerite

„Das sind aber merkwürdige Wesen. Sie sehen aus wie kleine Fische, haben aber winzige Hinterfüße an den Schwänzchen. Ob das Kaulquappen sind? Aus Kaulquappen entwickeln sich in einigen Wochen erwachsene Frösche. Wie viele schwimmen hier im Teich herum?"

„Warum tummeln sich hier so viele Regenwürmer? Und warum bewegen sie sich so komisch? Jetzt weiß ich's! Der Maulwurf hat sie angeknabbert. So können sie ihm nicht mehr weglaufen, bleiben aber dennoch lebendig. Die Regenwürmer sind nämlich sein Futter und diese Höhle ist seine Speisekammer."

10 · Vergissmeinnicht   11 · Gemeiner Teichläufer   12 · Kaulquappen
13 · Teichmolch   14 · Larve der Köcherfliege   15 · Dotterblume   16 · Blutweiderich   17 · Maulwurf

DIE NAHRUNGSKETTE

„Ich habe schon viel entdeckt: dass Larven die Wurzeln von Pflanzen anknabbern, der Maulwurf eine Speisekammer voller Regenwürmer hat, dass der Gemeine Teichläufer auf Fliegen lauert und der Teichmolch gerne Kaulquappen frisst.

Im Gebüsch habe ich einen Marder gehört, der eine gut genährte Maus wie mich sicher nicht verschmäht hätte. Und hoch über der Wiese ist ein Mäusebussard gekreist, der den Maulwurf und den Marder sicher gerne gefressen hätte.

Ich zeichne die ganze Nahrungskette einmal ordentlich auf. Dann kann man es besser verstehen", sagte die kleine Maus.

„REIHT MAN ALLES ANEINANDER, SIEHT ES WIE EINE KETTE AUS."

„DIE NAHRUNGSKETTE"

DIE ETWAS GRÖSSEREN TIERE JAGEN DIE KLEINEN, MÜSSEN SICH SELBST ABER VOR DEN NOCH GRÖSSEREN TIEREN FÜRCHTEN.

UND DIE GRÖSSTEN TIERE, WIE RAUBTIERE ODER RAUBVÖGEL, MÜSSEN VOR FAST NIEMANDEM ANGST HABEN.

„Ich habe hier zehn weitere Pflanzen und Tiere aufgemalt. Hilfst du mir, drei Nahrungsketten zusammenzustellen?"

DAS GRAS

DIE NÜSSE (DIE MAG ICH GERN)

DER MAULWURF

DER IGEL

Im Wald

„Was ist das? Etwa ein abgeknabberter Zapfen? Da hat wohl das Eichhörnchen die Samen herausgepult und die Zapfenschuppen überall verteilt. Wenn ich mich aufmerksam umsehe, entdecke ich das Eichhörnchen vielleicht irgendwo."

Am nächsten Tag machte die kleine Maus einen Ausflug in den Wald. „Hier kann man schön spazieren gehen. Der Pfad aus Nadeln und Moos ist so weich", freute sie sich und streckte wohlig ihre Pfötchen aus.

1 · Waldsauerklee 2 · Himbeere 3 · Schwärmer 4 · Eichhörnchen
5 · Waldkiefer 6 · Heidelbeere 7 · Maronenröhrling 8 · Nacktschnecke 9 · Mistkäfer

„Oooh, wie das kitzelt! Das sind ja Ameisen! Was haben die hier im Wald alles zu tun?"

10 · Weißmoos   11 · Ameisen   12 · Igel   13 · Walderdbeere   14 · Gartenkreuzspinne   15 · Fichte   16 · Buntspecht   17 · Dachs

AMEISEN UND ZERLEGER

Die kleine Maus spazierte durch den Wald und machte eine wichtige Entdeckung: In der Natur wird alles verwertet. Nicht nur Regenwürmer und Insektenlarven, auch Pilze ernähren sich von dem, was auf dem Waldboden liegt – von gefallenen Blättern oder toten Tieren. Sie helfen so, den Boden mit Nährstoffen anzureichern, die die Bäume für ihr Wachstum brauchen.

„Ich habe die Ameisen sehr lange beobachtet. Jetzt weiß ich, dass ein Ameisenhaufen wie eine kleine Stadt funktioniert. Überall laufen fleißige Ameisen, suchen nach Nahrung, ziehen Larven auf und vernichten Schädlinge."

Die Bäume im Wald tragen verschiedene Blätter. Manche sind flach, andere dünn und spitz wie Nadeln. Wenn der Mensch in den Wald nicht eingreift, wachsen darin Bäume verschiedenen Alters. Unter den hohen, alten Bäumen wachsen kleine Sämlinge, zwischen denen sich kleine Tiere verstecken können.

„Dieses merkwürdige Kügelchen auf dem Blatt ist der Gallapfel. Es ist das Häuschen einer winzigen Larve."

1 · Eichengallapfel 2 · Eichelbohrer 3 · Eiche 4 · Marder 5 · Buche 6 · Heidekraut 7 · Fliegenpilz

„Hier auf dem Baumstumpf wärmt sich eine Kreuzotter in der Sonne. Wenn sie weg ist, will ich diesen abgesägten Baum genau erforschen. Ameisen bauen ihre Ameisenhaufen nämlich gern in ausgehöhlte Baumstümpfe. Wenn der Baumstumpf dagegen frisch ist, sieht man am Schnitt die Jahresringe. An ihnen kann man ablesen, wie alt der Baum ist."

8 · Kreuzotter   9 · Brombeere   10 · Einbeere   11 · Fuchs   12 · Wintergoldhähnchen   13 · Zunderschwamm   14 · Schildfarn

WIE WACHSEN BÄUME

Die kleine Maus erinnerte sich, dass sie zu Hause in der Speisekammer einen Vorrat an Eicheln hatte. Sie überlegte, ob sie diese heute zum Abendessen verspeisen sollte. Doch dann entschied sie sich, eine Eichel einzupflanzen. Das ist nämlich ein Same. In ein paar Wochen wurzelt die Eichel ein und der Schößling einer kleinen Eiche sprießt aus dem Boden.

Der Baumstamm wird jedes Jahr kräftiger. Im Sommer wächst das Holz unter der Rinde, während es sich im Winter ausruht. Jedes Jahr kommen so am Stamm neue Holzschichten hinzu. Sie sind unterschiedlich dick, je nachdem ob der Baum im letzten Jahr genug Nährstoffe, Wasser und Licht hatte. An den Baumstümpfen der gefällten Bäume sieht man dann die Jahresringe. „Wenn ich sie zähle, finde ich das Alter des Baumes heraus", sagte die kleine Maus.

HURRA! EINE NEUE EICHE!

DER SÄMLING IST EIN KLEINER BAUM.

DIE EICHELSCHALE PLATZT IN DER ERDE.

NACH EIN PAAR TAGEN TAUCHT EINE WURZEL AUF.

ES ENTFALTEN SICH DIE ERSTEN BLÄTTER.

DIE KLEINE EICHE WÄCHST UND WIRD KRÄFTIGER.

SO ALT IST DIESER WALD.

IRGENDWO DA BIN ICH GEBOREN.

Wisst ihr, dass man Jahresringe zum Beispiel auch an Holzmöbeln erforschen und so feststellen kann, aus welcher Zeit das Möbel stammt? Die Reihenfolge der verschieden dicken und dünnen Jahresringe kann man nämlich mit historischen Einträgen über gute und schlechte Jahre für die Bäume vergleichen.

UFF! DAS IST ABER EIN ZAPFEN!

Im Wald sammelte die kleine Maus verschiedene Samen und Baumfrüchte. Kannst du sagen, von welchem Baum sie stammen?

1 · Ulme   2 · Buche   3 · Kastanie   4 · Ahorn   5 · Tanne   6 · Linde   7 · Erle

Die kleine Maus kletterte hinauf in die Baumkronen und staunte, wie viel Leben es hier gab. Dabei musste sie ganz genau hinsehen, denn einige Tiere verstecken sich gerne. Viele Vögel tragen ein Tarnkleid, vor allem Weibchen, die ihre Jungen pflegen. So verschmelzen sie mit ihrer Umgebung und sind kaum zu sehen. „Wieso sind in diesem Nest drei Eier bläulich gefärbt und eines fleckig? Da stimmt doch was nicht! Hat vielleicht jemand das Ei heimlich hier abgelegt?"

1 · Flechte   2 · Rüsselkäfer   3 · Waldkauz   4 · Buchfink   5 · Raubspinne   6 · Kleiber

„In einer alten ausgehöhlten Eiche hat ein Waldkauz sein Nest. Er schläft noch, weil er vor allem nachts aktiv ist. Wenn er aufwacht, laufe ich besser schnell weg. Er ist nämlich ein Fleischfresser und ich wäre bestimmt eine süße Nachspeise für ihn."

Die Bienen, die aus dem Baumgarten herübergeflogen sind, ernähren sich im Wald von Honigtau, den Blattläuse und andere Insekten produzieren. Aus dem Honigtau machen die Bienen dann Waldhonig. Er schmeckt ganz anders als Wiesenhonig.

7 · Wespe   8 · Waldmaus   9 · Bienen   10 · Mistel   11 · Eichelhäher   12 · Blattläuse   13 · Kuckuck   14 · Bussard

VOGELFEDER

Während die kleine Maus den Vogelstimmen lauschte, sah sie auf einem Zweig eine Meise, die sich das Gefieder putzte. Die Maus beobachtete sie still. „Ihr Gefieder ist eigentlich so ähnlich wie mein Fell", überlegte sie. „Es schützt die Vögel vor Feuchtigkeit und Kälte. Und Fliegen könnten die Vögel ohne ihre Federn auch nicht." Während die Meise sich putzte, zeigte sie der kleinen Maus drei verschiedene Federarten:

DIE SCHWUNGFEDERN AN DEN FLÜGELN UND DIE STEUERFEDERN AM SCHWANZ HELFEN DEN VÖGELN BEIM FLIEGEN.

DIE DECKFEDERN SCHÜTZEN DIE VÖGEL BEI REGEN UND WIND.

DIE DAUNEN BILDEN DAS UNTERKLEID UND HALTEN DIE WÄRME.

SI-WÜWÜWÜ SI-WÜWÜWÜ

ZWITSCHR ZWITSCH!

„Auf dem Weg zu meinem Nest habe ich verschiedenfarbige Federn gefunden. Erkennst du, zu welchem Vogel sie gehören?"

Am Teich

Nachdem die kleine Maus den Wald erforscht hatte, ging sie zum Teich. „Hier am Teich leben viele Vögel und aus dem Wasser wächst hohes Schilfrohr. Ich will mal tauchen, um herauszufinden, was unter Wasser vor sich geht", sagte die kleine Maus und setzte ihre Taucherbrille auf.

1 · Fischreiher   2 · Rohrkolben   3 · Schwanenblume   4 · Posthornschnecke   5 · Nutria
6 · Krauses Laichkraut   7 · Wasserskorpion   8 · Egel   9 · Seerose

„Im Schilf geht es ein bisschen wie in einem kleinen Unterwasserwald zu. Hier leben Vögel, Insekten und Amphibien. Alle verstecken sich hier vor Räubern, die sie sonst sehr leicht erbeuten würden", beobachtete die kleine Maus.

„Dass unter Wasser so viel los ist, habe ich überhaupt nicht gewusst. Es schwimmen hier noch viel mehr Kaulquappen herum als im Bach neben meinem Nest. Und ich habe immer noch nicht herausgefunden, warum ihnen diese kleinen Füßchen wachsen", sagte die kleine Maus. Jetzt wollte sie das ein für allemal wissen.

10 · Teichrohrsänger   11 · Schilfrohr   12 · Haubentaucher   13 · Libelle   14 · Hecht   15 · Larve der Libelle   16 · Schlammschnecke

DAS LEBEN UNTER WASSER

„Ich frage einfach eine Kaulquappe, wie sie groß wird", sagte die kleine Maus und fischte dabei eine Kaulquappe in ein kleines Netz. „Aha, so ist das also: Die Froschmama legt die Eier. Daraus schlüpfen winzige Kaulquappen. Diese wachsen jeden Tag, und dabei entwickeln sich die Hinterbeinchen, während das Schwänzchen zunehmend kürzer wird. So wächst in einigen Monaten eine Kaulquappe zu einem Frosch heran."

Auf dem Teichboden setzen sich nach und nach abgestorbenes Schilfrohr, Muschelschalen, tote Fische und Entenkot ab. Das alles zersetzt sich und wird zu Schlamm, in dem verschiedene Lebewesen wohnen wie zum Beispiel Ringelwürmer, Krebstiere, Muscheltiere und viele andere. Der Schlamm enthält viele Nährstoffe, die wichtig für das Wachstum der Pflanzen am Teich sind.

WIE MAN UNTER WASSER ATMET

MICH HEBT DIE LUFT UNTER MEINEN FLÜGELSCHILDERN AN. WENN ICH TAUCHEN WILL, MUSS ICH KRÄFTIG SCHWIMMEN.

„Mich hat schon immer interessiert, wie Tiere unter Wasser atmen. Ich muss jedes Mal tief Luft holen, damit ich längere Zeit tauchen kann. Heute habe ich verschiedene Tiere beobachtet und jedes hat seine eigene Methode. Zum Beispiel atmet der Fisch den im Wasser gelösten Sauerstoff mithilfe seiner Kiemen ein. Die Kiemen sind hier", sagte die kleine Maus und schwamm dann schnell an die Wasseroberfläche, um Luft zu holen.

QUAK

HALLO, ICH BIN EINE MUSCHEL.

Die kleine Maus reinigte ihre Brille, damit sie nicht beschlug. Genauso hatte sie das in ihrem Buch über das Tauchen gesehen. „Ich hole noch einmal ganz tief Luft, denn ich will einen weiteren Teil des Teiches erforschen. Vielleicht entdecke ich etwas Interessantes", sagte die kleine Maus, setzte die Taucherbrille auf, zog die Flossen an und tauchte wieder ab.

1 · Tausendblatt 2 · Muschel 3 · Moostierchen 4 · Karpfen 5 · Wasserpest 6 · Mückenlarven 7 · Wasserhahnenfuß 8 · Rohrammer

Die kleine Maus kletterte auf einen Zweig, der sich in den Boden gebohrt hatte. „Über der Wasseroberfläche fliegen viele Insekten! Ihre Larven wachsen ganz bestimmt in der Nähe heran. Mückenlarven zum Beispiel brauchen nur eine kleine Pfütze oder ein bisschen Matschepampe. Darin kann sich ein ganzer Schwarm aufs Schlüpfen vorbereiten." Die Maus freute sich über ihre Entdeckung.

„Ach so! Deswegen können Enten so gut schwimmen! Sie haben Schwimmhäute zwischen den Zehen, genau wie ich, wenn ich meine Flossen anziehe", rief die kleine Maus. „Und was ist das für ein Tier? Es jagt zwar im Wasser nach kleinen Fischen und Fröschen, lebt aber am Ufer in einer Höhle, genau wie ich."

9 · Mücke   10 · Ente   11 · Rückenschwimmer   12 · Wasserspitzmaus   13 · Gelbrandkäfer   14 · Springfrosch   15 · Wasserspinne   16 · Wels

DIE BEWEGUNG IM WASSER

Als die kleine Maus im Teich herumschwamm, machte sie eine wichtige Beobachtung: Wassertiere können ganz unterschiedlich sein, aber eines haben sie gemeinsam – ihre Schwimmhäute. Enten haben große Schwimmhäute an den Füßen. Sie helfen ihnen, im Wasser zu paddeln und sich beim Aufflug oder Landen von der Wasseroberfläche abzustoßen. Genauso kann die Wasserspitzmaus dank ihrer Schwimmhäute zwischen den Zehen schwimmen und Insekten oder Schnecken unter Wasser jagen. Wasserkäfer und Blattwanzen haben auch solch erweiterte Glieder.

Wenn du Wasserlebewesen erforschen willst, besorge dir ein Fangnetz und eine Schale. Fische ein paar Tierchen aus dem Wasser und befördere sie vorsichtig in die Schale. Jetzt kannst du sie beobachten. Pass aber auf, dass die Sonne sie nicht austrocknet. Kannst du alles benennen, was die kleine Maus aus dem Teich fischt?

DER FUSS EINER ENTE

DER KÖRPER EINES FISCHES WIRD VON SCHUPPEN GESCHÜTZT, DIE SICH TEILS ÜBERDECKEN WIE DACHZIEGEL.

DER FUSS EINES FROSCHES

DER FUSS EINER SPITZMAUS

ICH HABE KEINE SCHWIMMHÄUTE. DESHALB NEHME ICH FLOSSEN.

FÜR DIE BEOBACHTUNG VON WASSERLEBEWESEN BRAUCHST DU:

EIN GLAS MIT WASSER AUS DEM TEICH

EINE FLACHE SCHALE FÜR DAS SORTIEREN DER PROBEN

EIN NETZ

WENN DU IM WASSER VIELE VERSCHIEDENE ARTEN VON LEBEWESEN UND PFLANZEN FINDEST, WEISST DU, DASS DER TEICH GESUND IST.

Im Garten

Schließlich traute die kleine Maus sich, die Menschen zu besuchen. „Das muss ein Obstgarten sein", überlegte sie. „Hier wachsen viele Obstbäume. Zum Beispiel dieser Birnbaum. An seinen Zweigen hängen bereits kleine Birnen. Im September werden sie so groß wie ich sein und wunderbar süß schmecken."

1 · Distel   2 · Stieglitz   3 · Bläuling   4 · Amsel   5 · Blaumeise   6 · Segelfalter   7 · Wiedehopf   8 · Birne

„Schaut mal, so viele Bienen! Sie fliegen von Blüte zu Blüte und trinken süßen Nektar. Dabei verfangen sich an ihren haarigen Körpern gelbe Blütenpollen. Fliegen die Bienen weiter, tragen sie die Pollen von Blüte zu Blüte. So bestäuben sie die Pflanzen, und daraus entwickeln sich neue Samen, aus denen neue Blumen, Bäume und Stauden wachsen."

„Das Wasser hier ist ja schmutzig! Aus so einer Pfütze möchte ich nicht trinken!"

9 · Apfelbaum   10 · Bienen   11 · Mohn   12 · Ohrwurm   13 · Brennnessel   14 · Johannisbeere   15 · Türkentaube   16 · Zwetschke

EIN KLEINER GARTENTEICH

Die kleine Maus überlegte, wie sie den Gartenbewohnern helfen konnte. Sie beschloss, im Garten einen kleinen Teich anzulegen, aus dem die Tiere trinken und sich in der Sommerhitze erfrischen können. Die Vögel können darin ihr Gefieder putzen wie in einer Badewanne. Schmetterlinge siedeln sich an und im Wasser werden auch die kleinen Kaulquappen und Insektenlarven schlüpfen. „Genau so ein kleines Freibad hat uns hier gefehlt!"

Wasser brauchen alle Tiere zum Leben. Wenn du dich gut um den kleinen Teich kümmerst, kannst du beobachten, wie sie sich über die Erfrischung freuen.

EINE WUNDERSCHÖNE OASE!

UFF, IST DAS EINE SCHWERE ARBEIT!

HEBE ZUERST EINE GRUBE AUS.

ZIEHE ÜBER DIE ERDE
EINE TEICHFOLIE.

LEGE STEINE UM DEN RAND.
FÜLLE DEN TEICH MIT WASSER.
DIE LEBEWESEN ZIEHEN SELBST EIN.

„Von den Tomatensträuchern isst man die Früchte, vom Kopfsalat die Blätter, vom Blumenkohl die Blüte und von den Karotten die Wurzeln. Vor allem in die Wurzeln würde ich am liebsten gleich reinbeißen. Aber dann gehen die Pflanzen ein", seufzte die kleine Maus. „Ich esse nur diese Wurzel, die die Raupe schon angeknabbert hat, das wird nicht viel ausmachen."

11 · Rosenkohl   12 · Marienkäfer   13 · Kohlrabi   14 · Petersilie   15 · Karotte   16 · Streifenwanze   17 · Erbse   18 · Blumenkohl   19 · Lauch

OBST UND GEMÜSE

Die kleine Maus machte ein Picknick. Dabei betrachtete sie aufmerksam das Beet. „Wie kann man Obst von Gemüse unterscheiden?", überlegte sie. „Eigentlich ist es ganz einfach: Gemüse sind alle Pflanzen, die man ganz oder zu einem großen Teil essen kann. Obst dagegen sind die Früchte von Pflanzen, deren andere Teile man nicht essen kann – wie bei Obstbäumen die Äste und Zweige. Aber ganz so einfach ist es dann doch nicht: Eine Besonderheit ist zum Beispiel die Tomate, bei der man wie beim Obst nur die Frucht und nicht die Stängel essen kann. Sie nennt man deshalb Fruchtgemüse."
Kannst du der kleinen Maus helfen zu bestimmen, welche Pflanzenteile man essen kann?

ZUM PFLANZEN BRAUCHST DU:

Die kleine Maus entdeckte einige Pflanzen, die einen besonderen Duft verströmten. „Das sind sicher Minze, Schnittlauch und Petersilie! Die kann ich gut gebrauchen, wenn ich mir Käsesuppe koche", sagte sie und schmatzte laut. Die kleine Maus nahm Setzlinge der Kräuter mit nach Hause, bastelte aus einem Stück Baumrinde einen Blumentopf und pflanzte sie vorsichtig ein. Unten in ihrem Mäusebau war es aber viel zu dunkel. Damit die Kräuter wachsen konnten, brauchten sie Licht. Deshalb stellte die kleine Maus den Blumentopf vor ihren Höhleneingang. „Wenn die Setzlinge kräftig genug sind, versetze ich sie ins Beet." Seitdem duftet es in der Umgebung ihre Höhle immer gut nach Minze.

STREUE AUF DEN BODEN DES [Blumentopf] KLEINE [Steine], DAMIT DIE PFLANZE NICHT IM WASSER STEHT UND DIE [Wurzeln] NICHT FAULEN. SCHAUFLE AUF DIE [Steine] DIE [Erde]. DEN SCHNITTLAUCH, DIE MINZE UND DIE PETERSILIE SETZT DU VORSICHTIG IN EINE KLEINE VERTIEFUNG IN DER ERDE EIN. FÜLLE DIE ERDE SORGFÄLTIG AUF. VERGISS NICHT ZU GIESSEN.

ES WÄCHST WUNDERSCHÖN!

Die kleine Entdeckermaus hatte nun so viel über die Natur vor ihren Bau herausgefunden, dass sie ihr Buch beenden konnte. Sie kochte sich einen süßen Minztee und legte los. „Meine Tanten kommen bald zu Besuch, und ich muss noch die Konturen all der Fruchtkerne abzeichnen", seufzte sie. „Ich darf auch nicht vergessen, die Raupe zu beschreiben, die am Kopfsalat geknabbert hat. Und ich muss noch aufräumen. Es sieht hier aus ... wie in einem Mäusebau eben!" Schon am nächsten Tag hatte die kleine Entdeckermaus ihr Buch über die Wunder der Natur fertig. Jetzt konnte sie es gar nicht mehr erwarten, das Buch stolz ihren Tanten zu zeigen.